ΚΑΤΑΚΤΩΝΤΑΣ ΤΗΝ ΤΕΧΝΗ ΤΗΣ ΑΦΗΓΗΣΗΣ

- **Ποιο είναι το πρόβλημα;** Πώς μπορούμε να χρησιμοποιήσουμε αποτελεσματικά την αφήγηση, αυτή τη μοντέρνα τεχνική της αφήγησης;

- **Γιατί είναι χρήσιμο;** Η αφήγηση είναι παρούσα σε όλους τους τομείς. Επομένως, είναι σημαντικό να κατανοήσετε τα βασικά και να κατακτήσετε τους μηχανισμούς για να το χρησιμοποιήσετε με σύνεση.

- **Επαγγελματικό πλαίσιο?** Αναζήτηση εργασίας, παρουσίαση ενός έργου, εταιρική επικοινωνία, μάρκετινγκ ενός προϊόντος ή μιας υπηρεσίας.

- **ΣΥΧΝΕΣ ΕΡΩΤΗΣΕΙΣ?**

  - Για ποιο λόγο γίνεται η αφήγηση ιστοριών;

  - Ποιες είναι οι χρήσεις της αφήγησης ιστοριών στις επιχειρήσεις;

  - Πώς χτίζετε μια ιστορία;

  - Ποιοι είναι οι κίνδυνοι που πρέπει να ληφθούν υπόψη όταν εξετάζουμε την αφήγηση ιστοριών;

  - Τι κάνει την αφήγηση ιστοριών αποτελεσματική;

  - Πού να βρείτε έμπνευση για την αφήγηση ιστοριών;

> *"Η αφήγηση είναι η γραμματική της επικοινωνίας.*
>
> *Sébastien Durand*

ΚΑΤΑΚΤΩΝΤΑΣ ΤΗΝ ΤΕΧΝΗ ΤΗΣ ΑΦΗΓΗΣΗΣ

Πώς να προσελκύετε την προσοχή και να επικοινωνείτε αποτελεσματικά με οποιοδήποτε κοινό

ΚΑΤΑΚΤΩΝΤΑΣ ΤΗΝ ΤΕΧΝΗ ΤΗΣ ΑΦΗΓΗΣΗΣ

Πώς να προσελκύετε την προσοχή και να επικοινωνείτε αποτελεσματικά με οποιοδήποτε κοινό

γραμμένο από Nicolas Martin
μεταφρασμένο από Lina Sideris

Η αφήγηση ιστοριών απέχει πολύ από το να είναι μια τεχνική επικοινωνίας που γεννήθηκε τα τελευταία χρόνια, στην "ψηφιακή εποχή" μας. Αυτή η "τέχνη της σύλληψης και της αφήγησης ιστοριών" υπήρχε ήδη στην αρχαία Ελλάδα, την εποχή του Ομήρου (VIIIe αιώνα π.Χ.). Ως άτομα, είμαστε και ήμασταν πάντα πιο ευαίσθητοι στις πληροφορίες όταν αυτές παρουσιάζονται μέσω μιας ιστορίας.

Γιατί; Κυρίως επειδή μια ιστορία απευθύνεται στα συναισθήματα και αγγίζει τους ανθρώπους με πολύ πιο προσωπικό τρόπο από οποιαδήποτε άλλη μορφή μηνύματος.

Τι θα μπορούσε να είναι πιο αποτελεσματικό από το να δώσετε σε μια ιστορία χαρακτήρα και προσωπικότητα για να κρατήσετε την προσοχή μιας στιγμής σε ένα υπερ-επικοινωνιακό περιβάλλον; Επειδή, εν μέσω αυτού του υπερφόρτου πληροφοριών, μπορεί να είναι δύσκολο, αφενός, να βρείτε τις πληροφορίες που αναζητάτε, αφετέρου, και κυρίως, να επικοινωνήσετε αποτελεσματικά, ώστε το μήνυμά σας να έχει πιθανότητες να ακουστεί.

Επομένως, η χρήση της αφήγησης μπορεί να κάνει σημαντική διαφορά, τόσο σε προσωπικό όσο και σε επαγγελματικό επίπεδο, εφόσον κατέχετε τις βασικές αρχές. Πρόκειται για μια λεπτή ισορροπία μεταξύ της εξατομίκευσης και του ευτελισμού του μηνύματός σας, μεταξύ μιας μεθόδου που πρέπει να εφαρμοστεί και ενός "εμπορικού σήματος" που πρέπει να αναπτυχθεί. Αλλά πάνω απ' όλα, πρόκειται για μια δημιουργική, πνευματική διαδικασία, γεμάτη νόημα τόσο για εσάς όσο και για τον στόχο σας, και η σημασία των συναισθημάτων που δημιουργεί το μήνυμά σας δεν πρέπει ποτέ να παραγνωρίζεται. Είτε ψάχνετε για δουλειά, είτε παρουσιάζετε ένα έργο που έχετε αναλάβει είτε αναπτύσσετε μια νέα εσωτερική επικοινωνία, μην λέτε στον εαυτό σας ιστορίες, η γνώση της αφήγησης θα το κάνει για εσάς!

ΤΟ ABC ΤΗΣ ΕΠΙΤΥΧΗΜΕΝΗΣ ΑΦΗΓΗΣΗΣ

Χρησιμοποιείται από την αυγή του χρόνου, γεννημένη με την ίδια την ανθρωπότητα, η αφήγηση ιστοριών όπως την ξέρουμε σήμερα, ωστόσο, αναπτύχθηκε στα μέσα της δεκαετίας του '90 στις Ηνωμένες Πολιτείες. Ο εμπνευστής της σύγχρονης αφήγησης είναι ο Steve Denning (γεννημένος το 1944), επικοινωνιολόγος και ειδικός στο θέμα, ο οποίος ξαναέγραψε τη δική του ιστορία, για να μην πω τον δικό του μύθο, την "ιστορία της Ζάμπιας":

> *"Το 1996, μετά από μια επιτυχημένη σταδιοδρομία στην Παγκόσμια Τράπεζα, διορίστηκα στη θέση του διευθυντή του προγράμματος διαχείρισης της γνώσης. Προσπάθησα να πείσω τους διευθυντές της Παγκόσμιας Τράπεζας για τη σημασία της Διαχείρισης Γνώσης, αλλά οι συνάδελφοι και οι διευθυντές μου ήταν κουφοί στα επιχειρήματά μου. Προσπάθησα να πείσω τα στελέχη της Παγκόσμιας Τράπεζας για τη σημασία της Διαχείρισης της Γνώσης, αλλά οι συνάδελφοι και οι διευθυντές μου δεν με άκουγαν. Έτσι, αφού δοκίμασα τα πάντα, κατέληξα, κάπως απελπισμένος, να χρησιμοποιήσω την ιστορία*

ενός εργαζόμενου στον τομέα της υγείας στη Ζάμπια, ο οποίος βρήκε τις απαντήσεις στις ερωτήσεις του σχετικά με τη θεραπεία της ελονοσίας στην ιστοσελίδα των Κέντρων Ελέγχου και Πρόληψης Νοσημάτων (CDC) του Υπουργείου Υγείας των ΗΠΑ: χρησιμοποιώντας αυτό το ανέκδοτο κατάφερα να δείξω τη σημασία του προγράμματος Διαχείρισης της Γνώσης και τον ρόλο που θα μπορούσε να διαδραματίσει η Παγκόσμια Τράπεζα στον τομέα αυτό!

Υποστηρίζει ότι στις σύγχρονες κοινωνίες μας, η κλασική επικοινωνία έχει φτάσει στα όριά της, γεγονός που εξηγεί την πλήρη αδιαφορία του κοινού για τα περισσότερα μηνύματα που βλέπει και λαμβάνει καθημερινά. Συγκεκριμένα, ο Denning επικρίνει την παραδοσιακή τριλογία του πειστικού λόγου:

- Δήλωση του προβλήματος ,

- ανάλυση του προβλήματος ,

- συνιστώντας την κατάλληλη λύση.

Προβάλλει τώρα μια επικοινωνιακή τριλογία που ανταποκρίνεται περισσότερο στον σημερινό τρόπο αντίληψης των πραγμάτων και η οποία βασίζεται στην αφήγηση ιστοριών. Αυτό βασίζεται στα ακόλουθα στοιχεία:

- να τραβήξει την προσοχή του στόχου ,

- ενθαρρύνει την αλλαγή,

- να την πείσετε με τη χρήση τεκμηριωμένων επιχειρημάτων.

Ο όρος "αφήγηση ιστοριών" έχει πλέον καθιερωθεί, όχι μόνο στον κόσμο της διοίκησης, αλλά και στην πολιτική και σε πολλούς άλλους τομείς. Η αφήγηση περιλαμβάνει τη δημιουργία ή την αναδημιουργία μιας ιστορίας που βασίζεται σε φανταστικά ή πραγματικά γεγονότα και δράσεις. Δεν έχει σημασία ποια μορφή θα έχει η ιστορία, αρκεί να βασίζεται στην πραγματικότητα ή στην προσαρμοσμένη πραγματικότητα.

Ο πρωταρχικός στόχος της αφήγησης είναι επομένως η μετάδοση, η αποπλάνηση και η πειθώ μέσω της επικοινωνίας που συμβιβάζει την πληροφορία και το συναίσθημα, τη λογική και το πάθος. Σε αυτή την προσέγγιση, η επιθυμία να δοθεί νόημα στον δεσμό που θα δημιουργηθεί με τον παραλήπτη του μηνύματος καθώς και η επιθυμία να συμμετάσχει σε αυτή την "όμορφη ιστορία" είναι ουσιώδεις. Εξάλλου, τι είναι πιο σημαντικό στην επικοινωνία, είτε σε επαγγελματικό είτε σε προσωπικό επίπεδο, από το να καταφέρεις να αγγίξεις τον συνομιλητή σου, ώστε να συγκρατήσει το μήνυμα χωρίς ιδιαίτερη προσπάθεια;

ΤΥΠΟΛΟΓΙΕΣ

Η αφήγηση ιστοριών είναι μια τεχνική επικοινωνίας που είναι ακόμη πιο αποτελεσματική επειδή παίζει με τα συναισθήματα. Ωστόσο, για να δημιουργήσετε και να εφαρμόσετε μια αφήγηση, πρέπει να λάβετε υπόψη το πεδίο εφαρμογής της. Αν και υπάρχουν βασικά στοιχεία σε κάθε ιστορία, ορισμένοι τομείς, όπως οι επιχειρήσεις, έχουν διαφορετικές απαιτήσεις.

Παρά την προφανή ποικιλομορφία των ιστοριών που προβάλλουν συνεχώς οι εταιρείες, ο Sébastien Durand, κορυφαίος σύμβουλος σε θέματα επικοινωνίας και αφήγησης, τις ομαδοποίησε σε επτά διαφορετικές τυπολογίες, οι οποίες παρουσιάζονται με τη μορφή εβδομαδιαίου ημερολογίου.

Αυτοί οι επτά τύποι ιστοριών αντιπροσωπεύουν μόνο ένα "αφηγηματικό πλαίσιο", δηλαδή μια βάση, ένα σημείο εκκίνησης για την κατασκευή μιας ιστορίας για μια εταιρεία. Μόλις προσδιορίσετε σε ποια τυπολογία ανήκετε, το μοντέλο αφήγησης γίνεται πιο προφανές και τα στοιχεία που συνθέτουν την ιστορία, όπως ο ήρωας, τα εμπόδια και οι λύσεις, είναι ευκολότερο να τοποθετηθούν σε μια συνεκτική, και επομένως αποτελεσματική, αφήγηση.

 # ΜΕΙΝΕΤΕ ΔΗΜΙΟΥΡΓΙΚΟΙ!

Ενώ αυτές οι επτά τυπολογίες μπορούν να σας βοηθήσουν να ξεκινήσετε την αφήγησή σας, είναι σημαντικό να μην εγκλωβιστείτε σε αυτά τα αφηγηματικά πλαίσια. Αποτελούν μόνο κατευθυντήριες γραμμές και σε καμία περίπτωση δεν είναι υποχρεωτικοί κανόνες στον επιχειρηματικό τομέα. Διατηρήστε πάση θυσία τη δημιουργική διάσταση, η οποία είναι ένα σημαντικό πλεονέκτημα της αφήγησης!

ΤΟΜΕΙΣ ΕΦΑΡΜΟΓΗΣ

Εκτός του εταιρικού κόσμου, η αφήγηση ιστοριών ως τεχνική επικοινωνίας χρησιμοποιείται σε πολλούς άλλους τομείς.

Επικοινωνία

Η επικοινωνία είναι η ενέργεια της διάδοσης ενός μηνύματος. Καθώς η αφήγηση είναι μια τεχνική επικοινωνίας, είναι προφανές ότι το θέμα αυτό είναι το πρώτο που αφορά. Αξίζει να θυμηθούμε τον οριζόντιο χαρακτήρα της επικοινωνίας, ο οποίος προφανώς συναντάται σε όλους τους άλλους τομείς που αναφέρονται παρακάτω, καθώς και την προσαρμογή της σε κάθε είδους ειδικές καταστάσεις που απαιτούν διαφορετικές τεχνικές. Μερικά παραδείγματα:

- θεσμική επικοινωνία ,

- εσωτερική επικοινωνία ,

- εξωτερική επικοινωνία ,

- επικοινωνία σε περίπτωση κρίσης ,

- στρατηγική επικοινωνία ,

- πολιτική επικοινωνία ,

- επιχειρηματική επικοινωνία ,

- διεθνής επικοινωνία ,

- πολιτιστική επικοινωνία.

👁 ΜΙΚΡΗ ΔΙΕΥΚΡΙΝΙΣΗ

Είναι απαραίτητο να εξεταστούν όλοι αυτοί οι αλληλένδετοι τομείς. Για παράδειγμα, είναι πολύ πιθανό να εφαρμοστεί η αφήγηση ιστοριών στο πλαίσιο της επικοινωνίας κρίσης για μια διεθνή εταιρεία. Εδώ συγκεντρώνονται τρεις επιμέρους τομείς με τις δικές τους απαιτήσεις, γι' αυτό είναι σημαντικό να γνωρίζετε όλες τις παραμέτρους που πρέπει να ληφθούν υπόψη.

Καθώς η φιλοδοξία της είναι να υπερβεί την περιγραφική και γραμμική ρητορική, η αφήγηση έρχεται σε ρήξη με την παραδοσιακή επικοινωνία, η οποία βασίζεται σε εξωτερικά, αντικειμενικά και μαθημένα στοιχεία. Παρασύρει το μυαλό κάθε ατόμου σε καταστάσεις που συνδέουν το φανταστικό με το βιωμένο, το ιδιαίτερο με το παγκόσμιο, το προσωπικό ασυνείδητο με το συλλογικό ασυνείδητο. Η αφήγηση απευθύνεται επομένως στην υποκειμενικότητα των συνομιλητών με βάση την υποκειμενικότητα του ομιλητή: τα μηνύματα σχεδιάζονται γύρω από αυτή τη θεμελιώδη αρχή. Πρόκειται πλέον για την εκπλήρωση μιας σχεσιακής λειτουργίας και όχι απλώς για την προσπάθεια επηρεασμού της συμπεριφοράς.

Μάρκετινγκ

Όπως και η επικοινωνία, το μάρκετινγκ είναι ένας σχετικά οριζόντιος κλάδος που συναντάται τόσο σε επιχειρήσεις όσο και σε ιδρύματα. Συνεπώς, η αφήγηση διαφοροποιεί και κυρίως επικαιροποιεί τις προσεγγίσεις και τα εργαλεία που χρησιμοποιούνται παραδοσιακά στον τομέα αυτό.

Η ζωή των οργανισμών

Οι εταιρείες είναι αυτές που βασίζονται περισσότερο στην αφήγηση ιστοριών, είτε για να πουλήσουν ένα νέο προϊόν ή υπηρεσία, είτε για να επικοινωνήσουν νέες αξίες, είτε σε επίπεδο εσωτερικής διαχείρισης. Η αφήγηση ιστοριών που χρησιμοποιούν οι εταιρείες έχει ως στόχο να δημιουργήσει μια νέα σχέση, να μοιραστεί μια ιστορία με τον πελάτη και όχι μόνο να προκαλέσει την αγορά ενός προϊόντος ή μιας υπηρεσίας.

Οι δύο αυτές ειδικότητες αναπτύσσουν μια ιδιαίτερη σχέση με την αφήγηση ιστοριών, η οποία τους επιτρέπει να αναδεικνύουν το ανθρώπινο στοιχείο. Στην περίπτωση της διοίκησης, προκαλεί το ενδιαφέρον και την αλληλεγγύη μεταξύ των ομάδων γύρω από θέματα ή έργα, και στην περίπτωση των ανθρώπινων πόρων, εμπλέκει τους εργαζόμενους περισσότερο στην εταιρεία και την ιστορία της.

 # ΥΠΟΨΗΦΙΟ ΣΗΜΕΙΟ

Σε προσωπικό επίπεδο, στο πλαίσιο της αναζήτησης εργασίας, μπορεί να είναι ενδιαφέρον να συνθέσει κανείς με σύνεση μια ιστορία για την επαγγελματική του σταδιοδρομία, προκειμένου να δώσει μια ισχυρότερη εικόνα κατά τη διάρκεια μιας συνέντευξης. Η διαδικασία αυτή απαιτεί χρονοβόρο προβληματισμό. Είναι πράγματι απαραίτητο να βρείτε συνδέσεις μεταξύ της εκπαίδευσής σας, των δραστηριοτήτων σας και της επαγγελματικής σας εμπειρίας και να δείξετε τη συνοχή μεταξύ όλων αυτών των στοιχείων μέσω μιας ιστορίας στην οποία εσείς είστε ο πρωταγωνιστής. Αυτή η ιστορία θα βασίζεται σε συγκεκριμένα γεγονότα, αλλά το νήμα και ο τρόπος με τον οποίο θα παρουσιάσετε τη σταδιοδρομία σας θα είναι σημαντικά. Μπορείτε επίσης να δημοσιεύσετε αυτή την αφήγηση στην ενότητα "Περίληψη" του λογαριασμού σας στο LinkedIn για να της δώσετε τη μέγιστη δυνατή προβολή.

Η πολιτική

Η πολιτική αφήγηση ιστοριών είναι πολύ συνηθισμένη, αλλά και πολύ αμφιλεγόμενη. Ενώ μπορεί να χρησιμοποιηθεί για την προώθηση των ανθρώπινων και συμβολικών διαστάσεων μιας κοινωνίας, συχνά χρησιμοποιείται για χειραγωγικούς σκοπούς με λιγότερο ενάρετες προθέσεις. Όταν χρησιμοποιείται με σύνεση, με βάση μια κοινή εμπειρία, μπορεί να δημιουργήσει μια σχέση, ή ακόμη και μια ορισμένη εμπιστοσύνη, που ευνοεί την εκπόνηση μιας συλλογικής περιπέτειας. Αυτό με τη σειρά του μπορεί να αναζωογονήσει το πολιτικό πεδίο, το οποίο είναι γενικά μολυσμένο με αρνητικές εικόνες, και να δώσει νέα πνοή στην ιδιότητα του πολίτη και στην έκφραση της δημοκρατίας.

Και πολλοί άλλοι...

Φυσικά, η αφήγηση ιστοριών χρησιμοποιείται και σε άλλους τομείς, όπως η οικονομία, η ιατρική, η ψυχολογία, η δημοσιογραφία, η παιδαγωγική και ακόμη και οι κοινωνικές επιστήμες. Επειδή δημιουργεί μια νέα δυναμική, χρησιμοποιείται και θα συνεχίσει να χρησιμοποιείται σε πολλούς τομείς, ακόμη περισσότερο σε αυτή τη νέα ψηφιακή εποχή, όπου ο όγκος των πληροφοριών που αποκαλύπτονται αυξάνεται συνεχώς.

Τέλος, θα πρέπει να ληφθεί υπόψη ότι όλα αυτά τα πεδία εφαρμογής της αφήγησης αφορούν διαφορετικούς στόχους - πελάτες, υπαλλήλους, προσλήψεις, ψηφοφόρους κ.λπ. - οι οποίοι πρέπει να λαμβάνονται υπόψη κατά την κατασκευή μιας ιστορίας. - Αυτοί είναι οι άνθρωποι που θα λάβουν τα μηνύματά σας και αυτοί είναι που θα είναι το επίκεντρο της αφήγησής σας. Αυτοί είναι οι άνθρωποι που θα λάβουν τα μηνύματά σας και με τα συναισθήματά τους θα ερμηνευτεί η ιστορία σας.

ΤΑ ΒΑΣΙΚΑ ΣΤΟΙΧΕΙΑ ΤΗΣ ΑΦΗΓΗΣΗΣ

Όλοι αφηγούνται ιστορίες, σκόπιμα ή όχι. Επομένως, είναι χρήσιμο για όλους να είναι σε θέση να αναγνωρίζουν ορισμένα στοιχεία που είναι απαραίτητα για κάθε ιστορία, ανεξάρτητα από τον τομέα ή τον στόχο που εξετάζεται. Είναι αυτά τα στοιχεία που καθιστούν αυτή την τεχνική επικοινωνίας αποτελεσματική και που επιτρέπουν τη δημιουργία μιας διαφορετικής σχέσης με τον παραλήπτη του μηνύματος.

Προαπαιτούμενο

Ξεκινήστε, λογικά, ορίζοντας τον στόχο της αφήγησής σας, το "γιατί την λέω".

Στην περίπτωση μιας εταιρείας, για παράδειγμα, θα πρέπει να γίνει αποτίμηση του λόγου ύπαρξής της, δηλαδή τι προσφέρει στην κοινωνία γενικά και πώς ανταποκρίνεται στις προσδοκίες των πελατών της. Για να το κάνετε αυτό, πρέπει να γνωρίζετε καλά την ομάδα-στόχο σας. Αυτό θα σας διευκολύνει να προσδιορίσετε την εικόνα που θέλετε να μεταδώσετε, όπως αυτή μιας εταιρείας που είναι ειδικός στον τομέα της, ή μιας εταιρείας που είναι κοντά στους ανθρώπους, διασκεδαστική, μοντέρνα κ.λπ. Από εκεί και πέρα, απαριθμήστε τα στοιχεία που θα μπορούσαν να μετατραπούν σε μια ιστορία, όπως η γένεση της μάρκας, η καινοτόμος πλευρά της, ο τόπος ή οι τόποι παραγωγής, η μυθική μορφή του ιδρυτή κ.λπ.

Μπορείτε πλέον να θέσετε έναν σαφή στόχο για την προσέγγισή σας, είτε πρόκειται να αφηγηθείτε την ιστορία της μάρκας σας, να εκσυγχρονίσετε την εικόνα μιας ιστορικής εταιρείας, να ζωντανέψετε τα προϊόντα σας, να βελτιώσετε την εμπειρία της μάρκας για τους πελάτες, να δείξετε ότι είστε εκεί και να διατηρήσετε την παρουσία σας ζωντανή μακροπρόθεσμα κ.λπ.

Αρχική κατασκευή της ιστορίας

Ας προχωρήσουμε στην κατασκευή της ίδιας της ιστορίας. Αρχικά, κάθε ιστορία χρειάζεται συνήθως τα ακόλουθα επτά στοιχεία:

- έναν ή περισσότερους χαρακτήρες, ιδανικά μόνο έναν πρωταγωνιστή για να διευκολύνετε την κατασκευή της ιστορίας σας,

- μία ή περισσότερες τοποθεσίες,

- μια χρονικότητα, συνεχής ή μη (άλματα στο μέλλον ή/και πίσω στο παρελθόν),

- ένα οικόπεδο ,

- η οπτική γωνία ενός αφηγητή (χαρακτήρας ή εξωτερική φωνή),

- συγκεκριμένο αφηγηματικό τόνο (επίσημο, ανεπίσημο, χιουμοριστικό, παρωδιακό κ.λπ.),

- ένα θέμα ή μια θεματική ενότητα που αντικατοπτρίζει τον στόχο της αφήγησής σας, ο οποίος ορίζεται στο προηγούμενο σημείο.

👁 ΤΟ ΘΕΜΑ ΤΗς ΙΣΤΟΡΙΑς

Ένας καλός τρόπος για να δημιουργήσετε μια πρωτότυπη και αξιομνημόνευτη ιστορία είναι να αφήσετε τον χαρακτήρα να καθορίσει τον εαυτό του και την κατεύθυνση της ιστορίας μέσω των αποφάσεων που λαμβάνει και των ενεργειών που κάνει. Εν ολίγοις, να έχετε πάντα κατά νου τον σκοπό της ιστορίας σας - το "γιατί την λέω" - ενώ αφήνετε το μήνυμα να διαμορφωθεί μέσα από τη δημιουργικότητά σας καθώς η ιστορία εξελίσσεται. Είναι σημαντικό να μην κολλήσετε σε ένα συγκεκριμένο θέμα: μπορεί να μην μπορέσετε να αξιοποιήσετε σωστά τα άλλα στοιχεία και να καταλήξετε σε μια στείρα αφήγηση. Με αυτή τη μέθοδο, το θέμα φαίνεται να απορρέει φυσικά από τα άλλα έξι στοιχεία.

Σε αυτό το στάδιο, πρόκειται για την τοποθέτηση αυτών των στοιχείων χωριστά, χωρίς να τους προστεθεί περιεχόμενο. Για παράδειγμα, καθορίζετε ποιος είναι ο χαρακτήρας, αλλά δεν έχετε ακόμη σκεφτεί τον χαρακτήρα ή τη συμπεριφορά του.

Επιπλέον, υπάρχουν τρεις τύποι ιστοριών:

- ιστορίες βασισμένες σε προσωπικές εμπειρίες,

- παραδοσιακές ιστορίες (οι οποίες φυσικά θα πρέπει να επανεξεταστούν),

- επινοημένες ιστορίες, συχνά συνδυασμός πολλών στοιχείων από προσωπικές εμπειρίες.

Μόλις προσδιορίσετε τη φύση της ιστορίας σας και τα βασικά της στοιχεία, είστε έτοιμοι να συνεχίσετε να χτίζετε την αφήγησή σας με περισσότερες λεπτομέρειες και δημιουργικότητα.

Ανάπτυξη της ιστορίας

Υπάρχουν διάφορα βήματα που πρέπει να λάβετε υπόψη σας προκειμένου να προχωρήσετε στην κατασκευή και συναρμολόγηση της ιστορίας σας μέσω της επεξεργασίας του περιεχομένου της.

- Βήμα 1: Καθορίστε την αναζήτηση. Αυτή είναι η αναζήτηση που θα τραβήξει την προσοχή του κοινού-στόχου σας. Η αναζήτησή σας θα καθοριστεί εν μέρει από την πλοκή και την τυπολογία που έχετε επιλέξει. Για παράδειγμα, μπορείτε να χρησιμοποιήσετε την τυπολογία της Τρίτης ή του Σαββάτου, ώστε να ορίσετε μια αναζήτηση που επικεντρώνεται στην απόκτηση κάποιου αγαθού ή στην απελευθέρωση των αισθήσεων και στην υπέρβαση ορισμένων ορίων.

- Βήμα 2: Χαρακτηρίστε τον ή τους πρωταγωνιστές. Αυτό είναι το σημείο όπου ζωντανεύετε τον χαρακτήρα ή τους χαρακτήρες σας. Αν έχετε αποφασίσει ότι η ιστορία σας θα έχει περισσότερους από έναν ήρωες, βεβαιωθείτε ότι ο καθένας έχει μια προσωπικότητα, συμπεριφορά ή φυσικό χαρακτηριστικό που τον διαφοροποιεί από τους άλλους. Σημειώστε ότι ο πρωταγωνιστής μπορεί επίσης να είναι ένα προσωποποιημένο πράγμα, όπως η καριέρα σας, αν χρησιμοποιείτε την αφήγηση σε προσωπικό επίπεδο, ή μια αξία, μια κατάσταση, ένας κανόνας κ.λπ.

- Βήμα 3: Καθορίστε τον ανταγωνιστή, δηλαδή το στοιχείο που θα προκαλέσει προβλήματα στον χαρακτήρα σας. Αυτό θα μπορούσε να είναι ένας άλλος χαρακτήρας, μια κατάσταση, ένα αντικείμενο, μια αξία, μια ανάγκη κ.λπ. Ένας μεγάλος αριθμός στοιχείων μπορεί να αντιταχθεί στον χαρακτήρα, στοιχεία που μπορεί να έχετε ήδη στο μυαλό σας. Αφιερώστε χρόνο για να δουλέψετε τον ανταγωνιστή σας, γιατί χωρίς αυτόν ή αυτήν, η ιστορία, χωρίς εμπόδια, δεν έχει πλέον ιδιαίτερο ενδιαφέρον.

- Βήμα 4: Δημιουργήστε τα γεγονότα, τα οποία προκύπτουν λογικά από τον ανταγωνιστή που ορίστηκε παραπάνω. Ο κεντρικός χαρακτήρας βιώνει διάφορα γεγονότα που οδηγούν σε διαφορετικά συναισθήματα (ευτυχία, θλίψη, άγχος κ.λπ.), τα οποία όμως δεν τον εμποδίζουν να προχωρήσει μπροστά.

- Βήμα 5: Επιλύστε την κρίση και ολοκληρώστε την αποστολή. Όταν η ένταση είναι στο ζενίθ, είναι απαραίτητο να ξετυλίγεται ο κόμπος που έχει αναπτυχθεί στην πορεία της ιστορίας. Φυσικά, το στοιχείο αυτό δεν πρέπει να εμφανίζεται ξαφνικά από το πουθενά. Η συνέπεια είναι το κλειδί! Επιπλέον, η ιστορία δεν μπορεί να τελειώσει άσχημα, καθώς ο σκοπός της αφήγησης είναι η διάδοση θετικού περιεχομένου για εσάς ή τον οργανισμό σας.

- Βήμα 6: Ξεκινήστε εκ νέου την ιστορία. Αυτό το βήμα είναι πραγματικά μοναδικό στην αφήγηση ιστοριών. Ενώ οι ιστορίες σε ταινίες ή βιβλία μπορεί να τελειώνουν στο βήμα 5, η δική σας ιστορία δεν πρέπει να τελειώνει με την ολοκλήρωση της αποστολής. Οι αφηγητές της ιστορίας σας, το κοινό-στόχος σας, πρέπει να είναι σε θέση να την πάρουν μαζί τους και να τη διαδώσουν σε άλλους. Μια καλή ιστορία είναι αυτή που οι άνθρωποι θέλουν να την αφηγηθούν οι ίδιοι.

- Βήμα 7: Επιστρέψτε στην πραγματικότητα. Τέλος, είναι σημαντικό να συνδέσετε την ιστορία με το πρόσωπο που την αφηγήθηκε, δηλαδή με έναν πολιτικό, μια ένωση, μια μάρκα, ένα άτομο κ.λπ. Χωρίς αυτή τη σύνδεση, είναι πιθανό η ιστορία σας να ξεχαστεί, παρά τον αντίκτυπο που είχε στους αφηγητές σας. Χωρίς αυτόν τον συνειρμό, είναι πιθανό η ιστορία σας να ξεχαστεί γρήγορα, παρά τον αντίκτυπο που είχε στους αφηγητές σας.

Τώρα έχετε έτοιμο το πλαίσιο της ιστορίας σας, και αυτό θα διευκολύνει την οικοδόμηση και τη συναρμολόγηση των διαφόρων στοιχείων. Είστε ένα βήμα πιο κοντά στο στόχο σας. Ωστόσο, υπάρχουν ακόμη μερικά "συστατικά" που είναι σημαντικά για να είναι επιτυχής η αφήγησή σας.

Πρέπει να έχει

Η αφήγηση, αν πρόκειται να είναι κάτι περισσότερο από μια απλή αφήγηση, χρειάζεται μερικά επιπλέον συστατικά. Ακολουθούν τέσσερα στοιχεία που πρέπει να περιλαμβάνονται στην αφήγησή σας:

- μια πιασάρικη αρχή. Ο τρόπος με τον οποίο ξεκινάτε μια ιστορία, όπως και ο τρόπος με τον οποίο την τελειώνετε, είναι ζωτικής σημασίας για την αποτελεσματική αφήγηση. Υπάρχουν πολλοί τρόποι για να ξεκινήσετε την ιστορία σας, συμπεριλαμβανομένου του παραδοσιακού "Μια φορά κι έναν καιρό...". Αυτός είναι αναμφίβολα ένας πολύ δελεαστικός τρόπος για να ξεκινήσετε, αλλά προσέξτε να μην τον χρησιμοποιήσετε υπερβολικά. Ωστόσο, δεν θα πρέπει να απαγορεύεται και μπορεί να είναι ακόμη και πρωτότυπη όταν χρησιμοποιείται σε άλλο πλαίσιο από την αφήγηση ιστοριών, για παράδειγμα σε μια ιστορία διαχείρισης. Εκτός από αυτή τη διάσημη φόρμουλα, μπορείτε επίσης να ξεκινήσετε την ιστορία σας με τα εξής λόγια: "Φανταστείτε...", "Αυτό είναι το πάθος που με οδηγεί...", "Θυμάμαι...", "Μια μέρα...", "Πάντα...", "Ποιος δεν έχει ποτέ...", κ.λπ. Στο χέρι σας είναι να είστε πρωτότυποι,

 ## ΣΥΜΒΟΥΛΗ ΠΡΟΕΤΟΙΜΑΣΙΑΣ

Δουλέψτε πρώτα τον κύριο όγκο της αφήγησής σας, ώστε να μην κολλήσετε με αυτό το αγκίστρι. Μόλις προσδιορίσετε την ουσία της ιστορίας σας, θα είναι ευκολότερο να βρείτε ένα πιασάρικο άνοιγμα και να δοκιμάσετε διάφορες δυνατότητες με βάση την ιστορία σας.

- συναισθήματα. Η αφήγηση έχει να κάνει με το συναίσθημα. Είναι υποκειμενικές, συναισθηματικές, αισθήσεις. Αυτό είναι που την καθιστά θεμελιωδώς διαφορετική από τη λεγόμενη κλασική επικοινωνία. Ένα μήνυμα είναι αποτελεσματικό στο βαθμό που είναι αξιόπιστο και στο βαθμό που το κοινό στο οποίο απευθύνεται είναι έτοιμο να του δώσει αυτή την αξιοπιστία. Και είναι μέσω των συναισθημάτων που ξυπνάει ότι αυτή η αξιοπιστία θα χορηγηθεί. Κρατήστε λοιπόν το κοινό-στόχο σας στο επίκεντρο της κατασκευής της ιστορίας σας. Το μυαλό τους είναι ο καμβάς πάνω στον οποίο θα ζωγραφίσετε την ιστορία σας- αναρωτηθείτε ανά πάσα στιγμή ποιες θα ήταν οι αντιδράσεις τους. Προσέξτε, ωστόσο, να μην βασίζεστε αποκλειστικά στα συναισθήματα, διαφορετικά η ιστορία σας θα χάσει την αποτελεσματικότητά της. Όλα είναι θέμα δοσολογίας, όπως συμβαίνει συχνά,

- πάθος. Αυτό πρέπει να εκληφθεί ως η απαραίτητη "ενέργεια" για την καλή αφήγηση. Και το πάθος για το οποίο πρέπει να μιλήσετε δεν είναι τόσο το δικό σας (εταιρεία, πολιτική, εσείς) όσο αυτό του στόχου σας. Δεδομένου ότι το κοινό σας είναι αυτό που θα λάβει την ιστορία, πρέπει να μεταφέρει το πάθος του (για έναν τομέα δραστηριότητας, ένα προϊόν, μια υπηρεσία, μια αξία κ.λπ.) με λεπτό και έξυπνο τρόπο, ώστε να μπορεί να το αναγνωρίσει. Συχνά είστε απλώς ένα εργαλείο για να ζωντανέψετε αυτό το πάθος τους,

 ΥΠΟΨΗΦΙΟ ΣΗΜΕΙΟ

Είναι αυτονόητο ότι η αφήγηση ιστοριών που χρησιμοποιείται για προσωπικούς σκοπούς, για τη σκηνοθεσία του ταξιδιού κάποιου, έχει λιγότερα περιθώρια ελιγμών. Αυτή η παθιασμένη ή ενεργητική πτυχή θα είναι επομένως πιο δύσκολο να αναδειχθεί, αλλά δεν είναι αδύνατο. Για παράδειγμα, μπορείτε να εκμεταλλευτείτε το πάθος του υπεύθυνου προσλήψεων (και συνεπώς της εταιρείας) για προφίλ όπως το δικό σας, για μια δεξιότητα που εκτιμά ιδιαίτερα η εταιρεία ή για μια τεχνογνωσία που μόνο η εταιρεία είναι σε θέση να χειριστεί.

- εικόνες, αναπαραστάσεις. Οι αφηγητές χρειάζονται οπτικά ερεθίσματα. Πρέπει να είναι σε θέση να φανταστούν την ιστορία, να την οπτικοποιήσουν καθώς εκτυλίσσεται. Πώς μπορούμε να προκαλέσουμε αυτές τις οπτικές αναπαραστάσεις; Με λεπτομέρειες που τους είναι οικείες, που τους μιλάνε, που θυμίζουν καταστάσεις ή αισθήσεις που έχουν ήδη βιώσει. Η ενεργοποίηση αυτών των εικόνων στο κεφάλι τους είναι απαραίτητη- η φαντασία τους θα κάνει τα υπόλοιπα.

ΣΥΝΟΛΙΚΕΣ ΑΝΑΘΕΩΡΗΣΕΙΣ

Η αφήγησή σας είναι έτοιμη. Το μόνο που απομένει τώρα είναι να εξετάσουμε τις λεπτομέρειες και να απαντήσουμε σε μερικές τελευταίες ερωτήσεις πριν ξεκινήσουμε την εκπομπή.

- Είναι σαφής η αφήγησή σας; Όχι μόνο για τους αποδέκτες του, αλλά και για εσάς; Γιατί αν ο στόχος της ιστορίας σας είναι να την κάνουν δική τους, είναι απαραίτητο να την κάνετε πρώτα δική σας. Η αφήγηση μιας ιστορίας δεν είναι τόσο δύσκολη, αλλά το να καταφέρεις να της δώσεις ζωή και αξιοπιστία είναι μια εντελώς διαφορετική ιστορία! Έτσι, πρέπει να κυριαρχήσετε στο όλο θέμα και να το χειριστείτε με άνευ όρων ευελιξία.

- Η αφήγησή σας εξυπηρετεί κάποιο σκοπό; Βυθιζόμενοι στην κατασκευή της ιστορίας, μπορεί να χάσετε από τα μάτια σας τον τελικό στόχο που προσπαθείτε να πετύχετε μέσω αυτής της τεχνικής. Τι θέλετε να επιτύχετε μέσω αυτού του είδους επικοινωνίας;

- Η αφήγησή σας βάζει το κοινό σας στο επίκεντρο της ιστορίας; Κάντε στον εαυτό σας αυτή την ερώτηση, διότι αν η απάντηση είναι όχι, οδεύετε προς την καταστροφή. Ειδικά αν εσείς (εταιρεία, οργανισμός, πολιτική, προϊόν κ.λπ.) είστε ο κύριος πρωταγωνιστής της ιστορίας. Οι αφηγητές σας θα μπορέσουν να ταυτιστούν με την ιστορία όχι εξαιτίας σας, αλλά επειδή η ιστορία αφορά αυτούς.

- Είναι η αφήγησή σας κατάλληλη για το κοινό-στόχο σας; Είτε πρόκειται για το ύφος, τη φύση της ιστορίας, τα γεγονότα ή τον χαρακτήρα, τα στοιχεία αυτά πρέπει να είναι οικεία στο κοινό-στόχο σας. Φαίνεται ότι είναι απαραίτητο να έχετε κατανοήσει καλά ποιο είναι το κοινό σας και ποιες είναι οι ανησυχίες του. Εάν διαπιστώσετε ότι η απάντηση σε αυτή την ερώτηση περιέχει γκρίζες ζώνες, αφιερώστε χρόνο για να αναλύσετε ξανά την ερώτηση και να αναθεωρήσετε ολόκληρη την αφήγησή σας με βάση αυτό το διάνυσμα.

• Η αφήγησή σας κάνει τους άλλους ανθρώπους να θέλουν να την ακούσουν; Αν ναι, η αφήγησή σας είναι αποτελεσματική. Ο απώτερος στόχος είναι η ιστορία σας να προκαλέσει μια αντίδραση όπως "Πρέπει να το μοιραστώ αυτό με κάποιον...".

ΔΙΑΔΟΣΗ ΤΗΣ ΑΦΗΓΗΣΗΣ

Τώρα ήρθε η ώρα να βγάλετε την αφήγησή σας και να την αφήσετε να εξαπλωθεί. Και εδώ, υπάρχουν διάφορα πράγματα που πρέπει να λάβετε υπόψη.

Το κοινό-στόχος σας θα καθορίσει σε μεγάλο βαθμό τα κανάλια διανομής σας, καθώς θέλετε να το προσεγγίσετε άμεσα. Να γνωρίζετε όμως ότι στις μέρες μας, οι διασυνδέσεις μεταξύ όλων των μέσων είναι όλο και πιο ισχυρές. Θα μπορούσατε, λοιπόν, να το εκμεταλλευτείτε αυτό και να σκεφτείτε άμεσα με όρους "transmedia", δηλαδή να χρησιμοποιήσετε έναν συνδυασμό πολλών μέσων και να αναπτύξετε διαφορετικό περιεχόμενο σε καθένα από αυτά για να εμπλουτίσετε την ιστορία, προωθώντας παράλληλα τις δυνατότητες αλληλεπίδρασης ανάλογα με τις ιδιαιτερότητες του κάθε μέσου.

Ως εκ τούτου, θα πρέπει να προσαρμόσετε την αφήγησή σας σε διάφορα μέσα, ώστε να είναι κατάλληλη για τα διάφορα μέσα στα οποία θα μεταδοθεί. Έχετε διάφορες επιλογές, όπως για παράδειγμα τη δημιουργία μιας πλατφόρμας που συγκεντρώνει και στέλνει την ιστορία σε όλα τα επιλεγμένα μέσα ενημέρωσης ή τη διαδοχική χρήση πολλών μέσων ενημέρωσης για την αφήγηση της ιστορίας.

 ## ΠΑΡΑΔΕΙΓΜΑ ΔΙΑΜΕΣΙΚΗΣ ΚΑΜΠΑΝΙΑΣ: ONLYLYON

Η πόλη της Λυών έχει ξεκινήσει ένα transmedia storytelling project, στόχος του οποίου είναι να παρουσιάσει τη Λυών και την κουζίνα της από μια νέα οπτική γωνία. Ο κεντρικός χαρακτήρας εδώ είναι μια ιδέα, το Chef Factory. Πρόκειται για μια μυστηριώδη και διάσημη σχολή που λέγεται ότι έχει εκπαιδεύσει τους μεγαλύτερους σεφ και είναι η πηγή πολλών γαλλικών μαγειρικών μυστικών. Επομένως, η πλοκή βασίζεται σε πραγματικά στοιχεία αλλά και σε ορισμένα φανταστικά γεγονότα.

Δημιουργήθηκε ένα σύστημα transmedia επί σειρά ετών, σε διάφορα μέσα και σε διάφορες πόλεις, τόσο στη Γαλλία όσο και στο εξωτερικό. Το περιεχόμενο είναι διαφορετικό ανάλογα με το μέσο. Υπάρχουν:

- μια ταινία για τη διεθνή τηλεόραση καθώς και για το διαδίκτυο, διαθέσιμη σε ειδικό δικτυακό τόπο και σε ορισμένα ιστολόγια, για να προετοιμάσει την ιστορία με πληροφορίες ιστορικού,

- δράσεις *street marketing* σε διάφορες πρωτεύουσες του εξωτερικού (Βρυξέλλες, Γενεύη, Νέα Υόρκη κ.λπ.), όπως γευσιγνωσίες, παιχνίδια ή διαγωνισμοί,

- μια επίσημη σελίδα του σχολείου στο Facebook για να ζωντανέψει η ιστορία στα κοινωνικά δίκτυα, ιδίως μέσω των κοινωνικών λογαριασμών ορισμένων μαθητών και καθηγητών (Twitter, Tumblr, Instagram κ. λπ.). Αυτοί οι χώροι συνομιλίας έχουν ως στόχο να αναδείξουν τα διάφορα στάδια της εκστρατείας και να δημιουργήσουν μια άμεση σχέση με τους οπαδούς του μαγειρέματος,

- η δημιουργία ιστοριών για την τροφοδότηση της βασικής αφήγησης, μέσω ενός εξατομικευμένου κιτ που διατίθεται σε food bloggers από διάφορες χώρες, ώστε να μπορούν να γράψουν ένα ανέκδοτο σχετικά με το χρόνο τους στο Chef Factory και να συμβάλουν έτσι στη διατήρηση του μύθου,

- ένα γριμόριο, το οποίο αποτελεί βασικό στοιχείο της ταινίας και της αφήγησης, το οποίο θα εκτεθεί στις Halles de Lyon Paul Bocuse, έναν πραγματικό ναό της γαστρονομίας,

- κάποιο περιεχόμενο προορίζεται για τους πιο περίεργους.

ΚΟΡΥΦΑΙΕΣ ΣΥΜΒΟΥΛΕΣ

- Η αφήγηση δεν λέει την ιστορία σας, αλλά μια ιστορία που σας εξυπηρετεί. Είναι επομένως ένα εργαλείο. Είναι Ο ΧΡΥΣΟΣ ΚΑΝΟΝΑΣ που πρέπει να σέβεστε ό,τι κι αν συμβεί.

- Στο ίδιο πνεύμα, μην μιλάτε για τον εαυτό σας, αλλά μάλλον για τους ανθρώπους με τους οποίους μιλάτε. Είναι αυτοί που θα μεταφέρουν την ιστορία, και αυτό ακριβώς είναι που κάνει την αφήγηση ιστοριών να διαφέρει από άλλες τεχνικές επικοινωνίας. Εμπλέξτε τους στην ιστορία όσο το δυνατόν περισσότερο, γιατί η αλληλεπίδραση μεταξύ του αφηγητή και των αφηγητών είναι αυτή που κάνει την ιστορία να ζωντανεύει.

- Τραβήξτε την προσοχή τους και εκπλήξτε τους, με μετρημένο και λογικό τρόπο φυσικά. Για παράδειγμα, μια ιστορία θα έχει μεγαλύτερη απήχηση αν συνδέεται με μια σημαντική στιγμή για τους παραλήπτες σας: ένα τρέχον γεγονός, για παράδειγμα. Όσο περισσότερο καταφέρνετε να τραβήξετε την προσοχή τους και να τους εκπλήξετε, τόσο περισσότερο αυξάνετε τις πιθανότητες να διαδώσετε την ιστορία σας.

- Διεγείρετε τη φαντασία μέσω μεταφορών, αναλογιών και άλλων εργαλείων. Οι οπτικές αναπαραστάσεις θα πρέπει να αναδεικνύονται όσο το δυνατόν περισσότερο.

- Βάλτε το συναίσθημα στο επίκεντρο της αφήγησής σας, χωρίς να εγκαταλείψετε εντελώς ένα μέρος της λογικής. Το συναίσθημα είναι κάτι περισσότερο από σημαντικό, είναι απαραίτητο, και αυτό είναι που κάνει τη διαφορά από την παραδοσιακή επικοινωνία. Ο παραλήπτης του μηνύματος βιώνει συναισθήματα που θα τον καθοδηγήσουν διαφορετικά.

- Προσαρμόστε την αφήγησή σας στα μέσα που επιλέγετε. Μη διστάσετε να εκμεταλλευτείτε την ποικιλομορφία τους, διαφοροποιώντας τη διάρκεια και τη μορφή της ιστορίας σας. Αυτό θα του δώσει ακόμα περισσότερη ζωή και δύναμη.

- Μην περιορίζετε τη δημιουργικότητά σας. Αν ακολουθήσετε ορισμένα βασικά βήματα με τα απαραίτητα συστατικά, η δημιουργικότητα θα οδηγήσει στην πρωτοτυπία της αφήγησής σας και έτσι θα εγγυηθεί την επιτυχία της.

- Αφιερώστε όσο το δυνατόν περισσότερο χρόνο στην προετοιμασία, αλλά κυρίως στον τρόπο με τον οποίο θα παραδώσετε την ιστορία σας. Θα πρέπει να το επαναλαμβάνετε ξανά και ξανά για να το κάνετε δικό σας, ώστε το κοινό-στόχος σας να το κάνει δικό του.

- Κρατήστε το απλό, αυθεντικό και ελεύθερο, ώστε οι παραλήπτες να συνεχίσουν την εμπειρία με τη φαντασία τους. Επομένως, μην προσπαθείτε να δημιουργήσετε έναν θόρυβο ή να κάνετε τον κόσμο να μιλάει γενικά για εσάς, αλλιώς θα χάσετε εντελώς το νόημα.

- Αποδεχτείτε ότι οι παραλήπτες θα πάρουν στα χέρια τους την αφήγησή σας, θα την αντικρούσουν και θα την χειριστούν διαφορετικά, ακόμη και αν αυτό σημαίνει ότι θα την επανερμηνεύσουν. Δεν πρέπει να περιορίζετε τη δημιουργικότητα του κοινού σας, όπως δεν πρέπει να περιορίζετε και τη δική σας. Και ποιος ξέρει, πιθανόν να σας δώσουν κάτι για να χτίσετε πάνω σε αυτό δημιουργώντας μια συνεκτική συνέχεια. Αυτό θα διασφαλίσει ότι η αφήγησή σας θα διαρκέσει στο χρόνο και στο μυαλό των ανθρώπων.

ΣΥΧΝΕΣ ΕΡΩΤΗΣΕΙΣ

ΓΙΑ ΠΟΙΟ ΛΟΓΟ ΓΙΝΕΤΑΙ Η ΑΦΗΓΗΣΗ ΙΣΤΟΡΙΩΝ;

Υπάρχουν διαφορετικοί τύποι ιστοριών με διαφορετικές προθέσεις:

- βγάζοντας νόημα ,

- να αποκτήσουν ορατότητα,

- να βελτιώσει ή να αλλάξει την εικόνα της ,

- καθησυχάστε ,

- πωλούν ,

- χτίσει αφοσίωση.

Αυτές οι προθέσεις ποικίλλουν φυσικά ανάλογα με τον τομέα στον οποίο χρησιμοποιείται η αφήγηση. Είναι προφανές ότι οι εταιρείες το χρησιμοποιούν πολύ συχνά για να πουλήσουν, αλλά όχι μόνο. Σε προσωπικό επίπεδο, η πρόθεση μπορεί να είναι να δώσει νόημα στο ταξίδι του ατόμου ή να επιβεβαιώσει την κατεύθυνση που έχει πάρει.

ΠΟΙΕΣ ΕΙΝΑΙ ΟΙ ΧΡΗΣΕΙΣ ΤΗΣ ΑΦΗΓΗΣΗΣ ΙΣΤΟΡΙΩΝ ΣΤΙΣ ΕΠΙΧΕΙΡΗΣΕΙΣ;

Υπάρχουν πολλές χρήσεις της αφήγησης ιστοριών στις επιχειρήσεις, ιδίως μετά την έλευση του Web 2.0, και τείνουν να είναι οι μόνες που αναφέρονται ως παραδείγματα, αν και υπάρχουν πολλοί άλλοι τομείς εφαρμογής αυτής της τεχνικής.

Οι εταιρείες χρησιμοποιούν εκτενώς την αφήγηση ιστοριών για να:

- πωλούν τα προϊόντα ή τις υπηρεσίες τους,

- επικοινωνούν την ιστορία, την αποστολή ή τις αξίες τους,

- βελτίωση της εσωτερικής επικοινωνίας, ιδίως μέσω του ανθρώπινου δυναμικού,

- να αναζωογονήσουν το στυλ της διοίκησής τους.

ΠΩΣ ΧΤΙΖΕΤΕ ΜΙΑ ΙΣΤΟΡΙΑ;

Όταν έχετε έναν ξεκάθαρο στόχο στο μυαλό σας, η δημιουργία μιας ιστορίας δεν είναι τόσο δύσκολη όσο φαίνεται. Πρέπει να είστε λίγο δημιουργικοί, αλλά κυρίως μεθοδικοί και να έχετε από την αρχή μια σαφή ιδέα για τη βασική δομή της ιστορίας. Μια καλή ιστορία μπορεί να συνοψιστεί ως εξής: ένας πρωταγωνιστής, ένα θέμα, ένα πρόβλημα, η λύση του, τα αποτελέσματα της λύσης και μια πρόσκληση για δράση.

Επιπλέον, η καλή αφήγηση επιτρέπει στον αφηγητή να αιχμαλωτίσει την προσοχή του ακροατηρίου μοιραζόμενος μαζί του μια αναζήτηση. Στη συνέχεια, ο αφηγητής ξεδιπλώνει την ιστορία τοποθετώντας τον ή τους πρωταγωνιστές, τον ή τους ανταγωνιστές, τα γεγονότα και τις λύσεις τους. Τέλος, η ιστορία πρέπει να κλείνει με ένα μάθημα που θα επαναφέρει την ιστορία και θα πρέπει να προσφέρει μια λογική σύνδεση με τον αφηγητή, ώστε ο αφηγητής να συνδέεται με την αφήγηση στο μυαλό του κοινού.

ΠΟΙΟΙ ΕΙΝΑΙ ΟΙ ΚΙΝΔΥΝΟΙ ΠΟΥ ΠΡΕΠΕΙ ΝΑ ΛΗΦΘΟΥΝ ΥΠΟΨΗ ΟΤΑΝ ΕΞΕΤΑΖΟΥΜΕ ΤΗΝ ΑΦΗΓΗΣΗ ΙΣΤΟΡΙΩΝ;

Ο κύριος κίνδυνος είναι να αφηγηθείτε μια ιστορία για χάρη της αφήγησης μιας ιστορίας- με άλλα λόγια, να δημιουργήσετε μια αφήγηση χωρίς νόημα και χωρίς ενδιαφέρον τόσο για εσάς όσο και για το κοινό σας. Επομένως, είναι σημαντικό να καθορίσετε τον στόχο της αφήγησής σας και να τον τηρήσετε.

Επιπλέον, υπάρχουν δύο βασικοί λόγοι για τους οποίους η αφήγηση αποτυγχάνει:

- η ιστορία δεν αφορά τους αφηγητές αλλά τον αφηγητή,

- η ιστορία βασίζεται στη λογική και όχι στα συναισθήματα.

Είναι επίσης σύνηθες για:

- δίνεται πολύ μεγάλη σημασία στη μετάδοση του μηνύματος, γεγονός που οδηγεί στην παραμέληση της "αφηγηματικής" πτυχής,

- η σύνδεση μεταξύ της ιστορίας και του μηνύματος δεν είναι αρκετά σαφής,

- η συναισθηματική διάσταση έχει διαχειριστεί ανεπαρκώς, δηλαδή δεν υπάρχει συναίσθημα ή, αντίθετα, υπάρχει πάρα πολύ.

ΤΙ ΚΑΝΕΙ ΤΗΝ ΑΦΗΓΗΣΗ ΙΣΤΟΡΙΩΝ ΑΠΟΤΕΛΕΣΜΑΤΙΚΗ;

Η αποτελεσματικότητα της αφήγησης σε σύγκριση με άλλες τεχνικές επικοινωνίας έγκειται στη συναισθηματική διάσταση και την αξιοπιστία της. Οι παραλήπτες θα αισθάνονται περισσότερο συνδεδεμένοι με την ιστορία, επειδή μπορούν να την κάνουν δική τους και να την εφαρμόσουν στη δική τους περίπτωση.

 ## ΤΟ ΠΑΡΑΔΕΙΓΜΑ ΤΗΣ BRITISH AIRWAYS INDIA

Ένα πολύ χαρακτηριστικό παράδειγμα είναι η καμπάνια της British Airways India με τίτλο *"Ένα εισιτήριο για να επισκεφθείτε τη μαμά"*. Σε αυτό το βίντεο, το οποίο διαρκεί λίγο περισσότερο από πέντε λεπτά, βλέπουμε μια μητέρα στην Ινδία και τον γιο της, ο οποίος είναι ομογενής στις Ηνωμένες Πολιτείες εδώ και αρκετά χρόνια. Ο καθένας εκφράζει τις επιθυμίες του: να ξαναδεί το παιδί του για τον πρώτο, να δει την πατρίδα του για τον δεύτερο, να μπορέσει να περάσει χρόνο μαζί.

Η αεροπορική εταιρεία, αν και αναφέρεται, δεν φέρνει την ιστορία στο σπίτι. Είναι μόνο ένα στοιχείο στην ιστορία αυτών των δύο ανθρώπων, αυτό που χτίζει την πλοκή και επιτρέπει την έκπληξη. Βλέποντας το βίντεο, οι άνθρωποι που ζουν ή έχουν ζήσει μακριά από τους συγγενείς τους δεν μπορούν παρά να φανταστούν τον εαυτό τους στη θέση των δύο πρωταγωνιστών. Νιώθουν ξανά ορισμένα συναισθήματα και σίγουρα θα θέλουν να μοιραστούν αυτά τα συναισθήματα με άλλους που τα καταλαβαίνουν.

Η ιστορία είναι απολύτως αξιόπιστη, διότι επιτρέπει την ταύτιση και απευθύνεται επίσης στα συναισθήματα του στόχου της. Πολύ πιο αποτελεσματικό από το "Ταξιδέψτε με τη British Airways για να γιορτάσετε τις γιορτές με την οικογένειά σας"!

ΠΟΥ ΝΑ ΒΡΕΙΤΕ ΕΜΠΝΕΥΣΗ ΓΙΑ ΤΗΝ ΑΦΗΓΗΣΗ ΙΣΤΟΡΙΩΝ;

Φοβάστε ότι δεν είστε αρκετά δημιουργικοί ή ότι δεν έχετε αρκετή έμπνευση για να ξεκινήσετε μια ιστορία; Κοιτάξτε μέσα σας και γύρω σας.

- Ξεκινήστε κάνοντας μια απογραφή των στοιχείων που έχετε ήδη στο ενεργητικό σας: τα προτερήματά σας, τις εμπειρίες σας, ακόμη και τις ελλείψεις σας. Μπορούν να αποτελέσουν αφετηρία, αν όχι για την αφήγησή σας, τουλάχιστον για να ενεργοποιήσετε τη δημιουργικότητά σας.

- Κοιτάξτε τι συμβαίνει γύρω σας και τι γίνεται. Παρακολουθήστε τα πράγματα. Φυσικά, μην αντιγράφετε ό,τι βρίσκετε, καθώς αυτό μπορεί να έχει το αντίθετο αποτέλεσμα από αυτό που θέλετε. Αλλά εμπνευστείτε από το περιβάλλον σας και από το περιβάλλον του αποδέκτη της αφήγησής σας. Ανακατέψτε και συνδυάστε ό,τι βλέπετε, αυτό θα σας δώσει μια βάση και θα ενεργοποιήσει τη δημιουργική διαδικασία.

ΓΙΑ ΝΑ ΠΡΟΧΩΡΗΣΕΤΕ ΠΕΡΑΙΤΕΡΩ

ΒΙΒΛΙΟΓΡΑΦΙΚΕΣ ΠΗΓΕΣ

CERTON (Noémie), "What makes storytelling effective?", στο *Cellie. fr*, πρόσβαση στις 26/03/2015.

http://www.cellie.fr/2013/03/20/storytelling-numerique-marque/

DANGEL (Stéphane), *Storytelling Minute*, Παρίσι, Eyrolles, 2014.

DENNING (Steve), *The Springboard: How Storytelling Ignites Action in Knowledge-Era Organizations*, Hartlands, KMCI Press, 2000.

DURAND (Sébastien), *Αφήγηση ιστοριών. Réenchantez votre communication*, Παρίσι, Dunod, 2011.

IMPROVE YOUR GENERAL KNOWLEDGE
IN THE BLINK OF AN EYE!

Ο εκδότης διασφαλίζει την αξιοπιστία των πληροφοριών που δημοσιεύονται, η οποία όμως δεν μπορεί να αποτελέσει ευθύνη του.

Κύριο ISBN: 9782808664356
ISBN: 9782808671774
Νόμιμη κατάθεση: D/2023/12603/499

Ψηφιακός σχεδιασμός: Primento,
ο ψηφιακός συνεργάτης των εκδοτών.